The Cuckoo's Reward

El Premio del Cuco

The Cuckoo's Reward

A folk tale from Mexico

in Spanish and English

Adapted and translated by Daisy Kouzel
Illustrated by Earl Thollander

El Premio del Cuco

Cuento popular de México

en español e inglés

Adaptación y traducción por Daisy Kouzel
Ilustrado por Earl Thollander

Doubleday & Company, Inc.   Garden City, New York

To Amelia Agostini de del Río,
my first teacher of Spanish,
this, my first book, is gratefully
and affectionately dedicated.

ISBN: 0-385-09513-9 Trade
       0-385-09510-4 Prebound
Library of Congress Catalog Card Number 75-46534
Text copyright © 1977 by Daisy Kouzel
Illustrations copyright © 1977 by Earl Thollander
All Rights Reserved
Printed in the United States of America
First edition

Adapted from *Latin American Tales* by Genevieve Barlow.
Copyright © 1966 by Rand McNally & Company. Used by permission
of Rand McNally & Company.

The cuckoo that we know today is a plain, dull bird. Her feathers are the color of ashes, and the only sound she can make is coo-coo. She lays her eggs in the nests of other birds, who take care of her children for her.

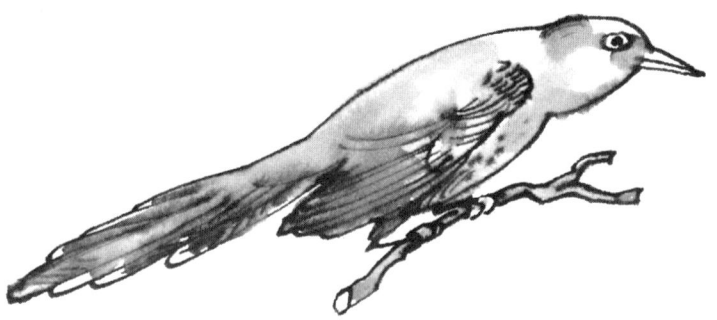

El cuco que conocemos hoy es un pájaro ordinario e insípido. Sus plumas son del color de la ceniza, y el único sonido que puede hacer es cu-cu. Pone sus huevos en los nidos de otros pájaros, quienes le crian a sus criaturas.

But the cuckoo was not always as she is today. Far from it! Long ago she was a beautiful bird, with feathers of many colors, like the rainbow, and her singing was lovely to hear. She raised her own young just like any other bird.

This was in the old days, when the gods ruled over Mexico.

   Sin embargo el cuco no fue siempre como lo es hoy. ¡Lejos de eso! Hace mucho tiempo era un pájaro hermosísimo, con plumas multicolores como el arco iris, y su canto era dulce al oído. Criaba sus pequeñitos como cualquier otro pájaro.

   Eso fue antiguamente, cuando los dioses reinaban sobre México.

Some of these gods were violent and dangerous: one caused thunder and lightning, and another, who lived underground, made the world tremble with earthquakes. Other gods were friendly to men and animals: among these were the sky god, the sun god, and the beautiful goddess of the moon.

Algunos de esos dioses eran violentos y peligrosos: uno producía el trueno y el relámpago, y otro, quien vivía bajo tierra, hacía temblar el mundo con terremotos. Otros dioses eran amistosos hacia los hombres y los animales: entre ellos estaban el dios del cielo, el dios del sol, y la bella diosa de la luna.

The most beloved of all was Chac, the god of rain and good harvests. He was kind and handsome, and he looked after the crops so that all the creatures of the earth had food to eat.

El más querido de todos era Chac, el dios de la lluvia y de las buenas cosechas. Él era bondadoso y guapo, y cuidaba las mieses para que todas las criaturas de la tierra tuvieran alimentos que comer.

Chac's bitterest enemy was the god of fire, a mischief-maker, who was always thinking of new tricks to play on others.

El peor enemigo de Chac era el dios del fuego, un dañador que siempre pensaba en nuevos engaños contra los demás.

One morning in spring Chac called a meeting of the birds on a hilltop near the forest.

"The time has come to get ready for spring planting," he said. "Will you help me as you always do?"

The nightingale trilled, the sparrow chirped, the crow cawed. Each bird said "yes" in its own way. Only the cuckoo remained silent, for she had forgotten what she was supposed to do.

Un día de primavera Chac convocó una reunión de los pájaros en una cumbre cerca del bosque.

—Ha llegado la hora de prepararse para la siembra de la primavera —dijo.—¿Van ustedes a ayudarme como siempre lo hacen?

El ruiseñor trinó, el gorrión gorjeó, el cuervo graznó. Cada pájaro dijo "sí" a su manera. Solamente el cuco quedó silencioso, pues había olvidado lo que debía hacer.

"Tomorrow at sunrise you must begin your work," said the kind god. "And it must be finished by noon, because at that time the god of fire will come to burn the old plants."

On hearing the word "fire," the cuckoo became frightened, and began to flutter around the circle of birds. Her colorful feathers shone in the sun, filling the other birds with envy.

"What must we do? What must we do?" wailed the poor cuckoo. "I don't remember what we did last year."

One morning in spring Chac called a meeting of the birds on a hilltop near the forest.

"The time has come to get ready for spring planting," he said. "Will you help me as you always do?"

The nightingale trilled, the sparrow chirped, the crow cawed. Each bird said "yes" in its own way. Only the cuckoo remained silent, for she had forgotten what she was supposed to do.

Un día de primavera Chac convocó una reunión de los pájaros en una cumbre cerca del bosque.

—Ha llegado la hora de prepararse para la siembra de la primavera —dijo.—¿Van ustedes a ayudarme como siempre lo hacen?

El ruiseñor trinó, el gorrión gorjeó, el cuervo graznó. Cada pájaro dijo "sí" a su manera. Solamente el cuco quedó silencioso, pues había olvidado lo que debía hacer.

"Tomorrow at sunrise you must begin your work," said the kind god. "And it must be finished by noon, because at that time the god of fire will come to burn the old plants."

On hearing the word "fire," the cuckoo became frightened, and began to flutter around the circle of birds. Her colorful feathers shone in the sun, filling the other birds with envy.

"What must we do? What must we do?" wailed the poor cuckoo. "I don't remember what we did last year."

—Mañana al amanecer tienen que comenzar su trabajo—dijo el benigno dios—y hay que acabarlo para el mediodía, porque a esa hora el dios del fuego vendrá a quemar las viejas plantas.

Al oír la palabra "fuego," el cuco se asustó y empezó a revolotear alrededor de la tertulia de los pájaros. Sus plumas multicolores brillaron al sol, llenando de envidia a los otros pájaros.

—¿Qué tenemos que hacer? ¿Qué tenemos que hacer?—gimió el pobre cuco.—No me acuerdo de lo que hicimos el año pasado.

"Of course you don't remember," said the wise owl. "You didn't come to help us!"

"She is afraid of fire. That is why she didn't help," explained the green parrot, who was more jealous than the other birds of the cuckoo's beauty.

"That's not true," protested the cuckoo. "I am not afraid."

But it *was* true. The cuckoo was afraid that fire might burn her splendid feathers.

"She ought to do her share of the work too," grumbled the robin.

"You're right," agreed the crow. "What a coward!"

At this, the cuckoo felt ashamed and began to cry.

—Claro que no te acuerdas—dijo la sabia lechuza.—¡No viniste a ayudarnos!

—Tiene miedo del fuego. Por eso no ayudó—explicó el loro verde, quien era más celoso que los otros pájaros en cuanto a la hermosura del cuco.

—Eso no es verdad—protestó el cuco.—No tengo miedo.

Sin embargo era verdad. El cuco temía que el fuego le quemara sus espléndidas plumas.

—Debe hacer su parte del trabajo también—refunfuñó el petirrojo.

—Tienes razón—asintió el cuervo.—¡Qué cobarde!

En esto, el cuco sintió vergüenza y se puso a llorar.

But Chac raised his hand and asked for silence.

"I am sure that this year everyone will help," he said. He smiled at the cuckoo and then at the other birds.

"Here is what you have to do," he continued. "Tomorrow, as soon as the sun rises, fly to the fields. Gather the seeds from the old plants and pile them near the woods. Then the seeds will be planted and we will have new crops.

"But remember that the god of fire will come at noon to burn the old plants. If you do not finish in time, the seeds will burn too. Then there will be no crops next year, and everyone will go hungry."

Pero Chac levantó la mano y pidió silencio.

—Estoy seguro de que este año todos ayudarán—dijo. Sonrió al cuco y luego a los otros pájaros.

—Esto es lo que deben hacer—siguió.—Mañana, tan pronto como se levante el sol, vuelen a los campos. Recojan las semillas de las plantas viejas y amontónenlas cerca del bosque. Luego se plantarán las semillas y tendremos nuevas cosechas.

—Pero recuerden que el dios del fuego vendrá al mediodía para quemar las plantas viejas. Si ustedes no terminan a tiempo, las semillas se quemarán también. Entonces no habrá cosechas el año que viene, y todo el mundo tendrá hambre.

All night long, while the other birds were sleeping, the wise old owl kept watch. Shortly before sunrise he heard a loud crackling noise, as of burning firewood.

Toda la noche, mientras dormían los otros pájaros, la vieja y sabia lechuza estuvo de guardia. Poco antes del amanecer oyó una fuerte crepitación, como de leña que arde.

The owl flew high above the trees and looked down. You can imagine his alarm when he saw the god of fire, who was running through the fields, setting them on fire with his torch!

La lechuza voló alto sobre los árboles y miró abajo. ¡Imagínense su espanto cuando vio al dios del fuego, que corría por los campos incendiándolos con su antorcha!

"That troublemaker got up early to trick us," thought the owl in anger. And he started to fly through the woods shouting, "To the fields! To the fields! We must save the seeds!"

—Ese malvado madrugó para engañarnos—pensó la lechuza con enojo. Y se puso a volar por el bosque gritando:
—¡A los campos! ¡A los campos! ¡Hay que salvar las semillas!

But the fields were burning so rapidly and the air was so hot, that the birds could not get close. Then they saw something wonderful: a strange bird was flying back and forth through the flames, carrying the seeds to a safe place.

"Who is that gray bird?" asked the owl. "How strong and brave it is!"

Pero los campos ardían tan rápidamente y el aire era tan tórrido que los pájaros no podían acercarse. Entonces vieron algo maravilloso: un extraño pájaro iba y venía volando a través de las llamas, llevando las semillas a sitio seguro.

—¿Quién es ese pájaro gris?— preguntó la lechuza.—¡Qué fuerte y valiente es!

The gray bird took the last seed from the burning fields. Then it sank, exhausted, into a shallow brook and cooled itself in the water.

The other birds flew to the brook and hovered over the water, trying to find out who this stranger was.

"Is it the thrush?" asked the crow.

"It looks like the cuckoo," said the parrot, "but I can't believe it."

"Why, it really is the cuckoo!" cried the robin.

Then they all looked closely at the bird who had saved the seeds. Her feathers were all gray from the smoke, but at last they recognized the cuckoo.

El pájaro gris sacó la última semilla de los campos abrasados. Luego, agotado, se dejó caer en un riachuelo y se refrescó en el agua.

Los otros pájaros volaron hacia el riachuelo y dieron vueltas sobre el agua, tratando de averiguar quién era ese desconocido.

—¿Es el tordo quizás?—preguntó el cuervo.

—Se parece al cuco—dijo el loro—pero no puedo creerlo.

—Pues, ¡es realmente el cuco!—gritó el petirrojo.

Entonces todos miraron atentamente al pájaro que había salvado las semillas. Sus plumas eran grises por el humo, pero al fin reconocieron al cuco.

"Yes, yes," they cried. "It is the cuckoo, there is no doubt!"

All the birds began to thank the cuckoo for her brave deed, and the woods rang with singing and chirping.

But the poor cuckoo could hardly answer. The smoke had parched her throat, and her beautiful singing voice was gone. "Coo-coo" was all she could say.

The birds were so grateful to the cuckoo for saving the seeds that they gave her a reward. They agreed to care for her children and her children's children forever.

—Sí, sí—gritaron todos—¡es el cuco, no cabe duda!

Todos los pájaros empezaron a dar gracias al cuco por su valerosa acción, y el bosque resonó de cantos y gorjeos.

Pero el pobre cuco pudo apenas contestar. El humo le había agostado la garganta, y su hermoso canto se había apagado. "Cu-cu" fue todo lo que pudo decir.

Los pájaros le estuvieron tan agradecidos al cuco por salvar las semillas que le dieron un premio. Acordaron cuidar a sus hijos y a los hijos de sus hijos para siempre.

That is how it happened that the cuckoo's feathers turned gray and how she lost her singing voice. And that is the reason why to this day the cuckoo lays her eggs in the nests of other birds, who raise her children for her.

Así fue como aconteció que las plumas del cuco se volvieron grises y como perdió su canto. Y ésta es la razón por la cual hasta el diá de hoy el cuco pone sus huevos en los nidos de otros pájaros, quienes le crian a sus criaturas.